AGENDA CONTABLE

Cuando **LO** *QUE* planificas...

JM CARMAN

Iconos realizados por Freepik en www.flaticon.com

INTRODUCCIÓN

Todos sabemos la teoría, es lo más sencillo del mundo, sabemos que tenemos que gastar menos monedas de las que recibimos.

Pero cuando lo ponemos en práctica, resulta que no cuadran las cuentas, nos faltan monedas para gastar en el mes antes de que éste termine.

Fue un jueves por la tarde, mientras tomaba café con varios amigos. Uno de ellos planteaba que estaba preocupado por su situación económica, y que necesitaba tener más ingresos de forma urgente porque no conseguía terminar un mes en positivo, es decir, no conseguía gastar menos de lo que ingresaba, y eso le estaba llevando mes a mes a acumular deudas, las cuales iban aumentando.

Cuando lo planteó en la mesa, nos sorprendió.

Todos pensábamos que estaba bromeando, pero por la cara que puso ante nuestra reación, nos dimos cuenta de que era cierto, y acto seguido preguntó: "ustedes como lo hacéis, si prácticamente tenemos los mismos ingresos".

Entonces uno de nosotros le respondió lo que seguramente todos pensábamos: "Diego, me sorprende que estés en esa situación, y a la vez no lo entiendo. ¿Cómo puedes decir que no consigues llegar en positivo a final de mes, si nos has enseñado la ropa que acabas de comprar, toda de primeras marcas, y además te vas el próximo fin de semana a Londres para celebrar tu cumpleaños?".

Hugo, que estaba a su lado, añadió sonriendo: "Yo llevo dos años queriendo ir a Londres".

En ese momento me dí cuenta de que lo que para muchas personas es tan sencillo de ver, para otras no lo es tanto.

Como el tema parecía serio, le pedí que nos explicara cómo se organiza con los gastos, y que nos contara cómo de grave es su situación.

Nos cuenta que últimamente, como está tan ajustado de presupuesto, elabora una lista con todos los gastos que ha tenido el mes anterior, y lo compara con los ingresos que va a tener. ¡Nos reconoce que en ese momento entra en pánico!.

Resulta que al comprobar que los gastos son superiores a los ingresos, decide gastar menos en determinados conceptos para ahorrar, como son el mercado, los restaurantes, etc, asignando una cantidad máxima a cada concepto, a la que debe ajustarse.

Pero tristemente, cuando va finalizando el mes, se vuelve a quedar sin dinero, comprobando que no ha conseguido lo que pretendía, volviendo el miedo. Y al preguntarle si sabe por qué no lo consigue, piensa que es porque le surgen gastos extraordinarios con los que no contaba.

Después de un rato de conversación, veo claramente que el problema no son esos gastos a los que se refiere, sino a la falta de información.

Diego tiene falta de información con respecto a donde van sus monedas. No es consciente de cuanto gasta en el mercado, en combustible, en restaurantes, en ropa, en viajes, etc, y eso es debido a que no lleva un control real y objetivo.

Y lo peor es que, el pánico que sufre cada vez que ve que no llega a final de mes en positivo, desaparece de forma instantánea en cuanto recibe el ingreso de la nómina.

En ese instante se le olvida todo lo sufrido y se va al centro comercial en busca de lo que no pudo comprar en la última semana del mes anterior por falta de "monedas", y vuelve a poner su situación financiera al borde del precipicio, encontrándose de nuevo en el punto de partida inicial, es decir, teniendo más gastos que ingresos y soportando otra vez el "pánico de fin de mes".

Pero la situación se va agravando mes a mes, ya que para suplir la falta de ingresos mensuales que cuadren con los gastos, hace uso de las tarjetas de crédito, creyendo que va a conseguir ahorrar el siguiente mes y podrá liquidar ese crédito rápidamente.

Y de nuevo va llegando el final de mes, y vuelve a entrar en pánico. ¿Qué ha pasado?, ¿no he conseguido ahorrar nada?, y además, ¡¡¡tengo otro gastos más!!!.

La situación se convierte en un bucle donde la deuda va creciendo de forma imparable.

Pues bien, como plantea Salvador Peiró, "para salir del hoyo, lo primero que hay que hacer es dejar de cavar", o dicho de otra forma, lo primero es dejar de gastar más de lo que se ingresa.

La Agenda Contable ha sido creada para las personas que se encuentran en una situación similar a la de mi gran amigo Diego, y también para todas aquellas que de una u otra manera, tienen dificultad para cuadrar sus gastos con los ingresos.

El método de esta Agenda se basa en lo que llamo proceso I.C.A., o lo que es lo mismo, IDENTIFICAR, CONTROLAR y AHORRAR.

Primero: Identificar los conceptos en los que se gasta cada moneda.

Segundo: Controlar y Reducir los "gastos fantasmas" y reorganizar el resto de gastos, ajustándolos a la realidad.

Tercero: Conseguir ahorrar monedas y terminar todos los meses en positivo.

Siguiendo el método de la Agenda Contable conseguirás darte cuenta en los primeros 7 días donde van a parar tus monedas, y al finalizar el primer mes comprobarás que el ahorro aparece, sin haberte sentido secuestrado por el monedero.

A patir de ahí, organizarás de forma real y objetiva tus gastos según sean necesarios, extraordinarios o de ocio, y actuando sobre cada uno de ellos, irás dirigiéndote hacia el objetivo, que es equilibrar el presupuesto entre gastos e ingresos, y abrir una cuenta para el ahorro, que te dé seguridad financiera ante cualquier imprevisto o gasto extraordinario.

MANUAL DE USO

La Agenda Contable se compone de varias secciones dentro de un mismo mes.

- Índice de Conceptos y Definiciones.

- Ingresos y Gastos Previstos.

- Hojas de Anotaciones Diarias y Total Semanal.

- Resumen completo del mes.

- Resultado del mes anterior y análisis, propósitos y decisiones.

Hoja 1. Índice de Conceptos y Definiciones

	CONCEPTOS		
NECESARIOS	Hipoteca Alquiler local Suministro eléctrico Suministro agua Suministro gas Préstamo personal Inversiones	Seguro coche Garaje Internet Teléfono Gimnasio Compras Mercado Gastos de Trabajo	Ropa Transporte Gastos mascota Seguro hogar Gastos colegios Combustible coche
EXTRAS	Celebraciones Farmacia Mant. hogar	Reformas Reparaciones	Averías Mant. coche
OCIO	Espectáculos Salidas sociales Restaurantes Antojos	Viajes Comida para llevar Loterías o apuestas	Tabaco Prensa

La primera sección, dentro de cada mes, es el ÍNDICE DE CONCEPTOS Y DEFICIONES.

En esta hoja es donde se asigna un determinado tipo de gasto a una categoría. Hay tres categoría de gastos, los **NECESARIOS**, los **EXTRAS** y los de **OCIO**.

En la categoría NECESARIOS, se identifican los gastos que consideramos imprescindibles y que son predecibles e inevitables. Estos suelen ser los gastos en alimentación, combustible, transporte, alquiler o hipotecas, etc.

En la categoría **EXTRAS**, se enuncian los gastos que, aunque sean necesarios, no estaban previstos para el mes en curso. Un ejemplo sencillo puede ser una avería en el automóvil o en el hogar.

Por último, en la categoría de **OCIO**, se anotan los gastos que no son imprescindibles realmente.

Esta categoría, la de **OCIO**, siempre produce un poco de confusión al principio, ya que cada persona tiene una opinión entre lo que considera gasto imprescindible y lo que no.

El gasto en tabaco por ejemplo, para unas personas será considerado imprescindible y para otras no. Igual pasa con las clases de tenis, el café de la mañana o la prensa diaria.

A modo de ejemplo, te muestro donde yo ubico los conceptos que tengo en cada categoría. Como digo, es sólo como ejemplo, ya que lo que para mí es necesario, para tí puede no serlo.

A) Gastos NECESARIOS:

Mercado. Dentro de mercado incluyo cualquier gasto relacionado con la compra de suministros domésticos, alimentación, higiene personal, limpieza, etc.

Transporte. Son los gastos de bus, taxi, metro, travía, etc.

Combustible. De los vehículos que uso.

Hipoteca o alquiler. Que puede ser tanto de la vivienda habitual como de una segunda residencia, oficina, local, garaje, etc.

Ropa. Ropa y calzado de uso diario. Cuando no es de uso diario, lo pongo en la categoría de **EXTRAS**.

Gastos del trabajo o estudio. Desayunos, almuerzos, meriendas, etc, motivados por el horario laboral o de estudio.

Peluquería y estética. Todo lo relacionado con el cuidado personal.

Deporte. Cuotas de gimnasio o cualquier deporte, así como los gastos derivados del material necesario, alimentación específica, etc.

Mascotas. Alimentación, veterinario, etc.

Gastos colegio niños. Material escolar, desayunos, almuerzos, uniformes, excursiones, etc.

B) Gastos EXTRAS:

Mantenimiento hogar. Reformas, reparaciones, renovación de muebles, etc.

Mantenimiento vehículos. Reparaciones, etc.

Farmacia. Medicinas y otros productos.

Celebraciones. Cumpleaños, aniversarios, etc.

C) Gastos en OCIO:

Espectáculos. Conciertos, cine, teatro, museos, etc.

Restaurantes. Almuerzos o cenas en bares o restaurantes.

Cafeterías. Desayunos y meriendas en bares o cafeterias.

Comida a domicilio o para llevar.

Libros, prensa, revistas, etc.

Viajes, Antojos, cualquier compra de algo que no sea necesario, como puede ser tabaco, loterías o apuestas, juguetes, golosinas, etc.

Además, dentro de cada concepto, se puede dividir en subconceptos, por ejemplo, el concepto de Gastos de Trabajo, lo subdivido en desayunos, almuerzos, etc, o el concepto de Mercado, lo subdivido en carnicería, hipermercado, etc, para un control más detallado.

Hoja 2. Ingresos y gastos previstos

Ingresos previstos

Día	Concepto	Importe	Día	Concepto	Importe
1	Nómina	2.500.00	12	Horas extras	200.00

Día	Concepto	Importe	Día	Concepto	Importe
23	Dev. Impuestos	345.00			

Gastos previstos

Importe	Concepto	Importe	Concepto	Importe	Concepto
350.00	Hipoteca	120.00	Seguro coche	100.00	Ropa
280.00	Alquiler local	45.00	Garaje	25.50	Transporte
65.00	Electricidad	40.00	Internet	40.00	Mascota
70.00	Agua	35.00	Teléfono	180.00	Seguro hogar
18.00	Gas	40.00	Gimnasio	200.00	Colegios
125.00	Préstamo P.	350.00	Mercado	240.00	Combustible
375.75	Inversión	50.00	G. Trabajo	100.00	Mant. coche
80.00	Mant. hogar	10.00	Loterías	16.00	Prensa
120.00	Restaurantes	120.00	Salid Social	40.00	Espectáculos
70.00	Cumpleaños				

INGRESOS	-	GASTOS	=	TOTAL
3045.00	-	3305.25	=	-260.25

Aquí presentamos los apartados de Ingresos Previstos, el de Gastos Previstos y el Total Previsto.

Esta hoja es muy importante cumplimentarla antes de empezar el mes, siendo recomendable hacerlo justo en el momento en el que estemos cerrando los resultados y el análisis del mes anterior.

Al principio te resultará un poco tedioso ya que son muchos datos, pero con la práctica verás que casi se rellena solo mes a mes.

Hay que tener en cuenta que estos datos son previsiones, es decir, es lo que esperamos que vaya a pasar en el nuevo mes que comienza.

Es importante saber antes de empezar un nuevo ciclo mensual a cuantos gastos nos vamos a enfrentar y de cuantos ingresos vamos a disponer, para ser conscientes de la situación financiera que tenemos.

En el apartado de Ingresos Previstos anotamos todos los ingresos que esperamos recibir, nóminas, pagas extras, devoluciones de impuestos, rentas, etc.

En el apartado de Gastos Previstos anotamos todos los gastos que sabemos con seguridad que vamos a tener.

Aquí no haremos distinciones entre si son gastos necesarios, extras o de ocio, ya que de lo que se trata es de hacernos una imagen total y real de lo que puede pasar.

Lógicamente, conforme vaya avanzando el mes, nos daremos cuenta de que surgirán gastos que no estaban previstos.

Por último, tenemos el apartado de Total Previsto, que es el resultado de las decisiones de gestión de gasto que hayamos ido tomando tiempo atrás.

El resultado del primer mes será el nos lleve a la primera fase del proceso I.C.A., es decir, identificaremos los conceptos en los que gastamos cada moneda.

Es momento de darnos cuenta de la realidad de forma objetiva, y tomar las primeras decisiones, principalmente será reducir los "gastos fantasmas".

Hoja 3. De anotaciones diarias y total semanal

Enero *Semana 1*

	Lunes	Martes 1	Miércoles 2	Jueves 3
NECESARIOS		Carnicería 28,00 Pescadería 43,00 Combust. 60,00 Desayuno 2,00	Desayuno 2,00	Desayuno 2,00 Comida Trab. 15,00
EXTRAS		Escursión colegio 20,00	Rep. coche 125,00	Mat. escolar 150,00
OCIO		Café meriend 1,50	Café meriend. 1,50 McDonald 12,50	Café meriend 1,50
TOTAL		154,5	141	168,5

En esta sección irás anotando diariamente todos los gastos que vas teniendo, cada uno en el apartado que hayas decidido en la hoja Definiciones y Conceptos.

Enero — Semana 1

	Viernes 4	Sábado 5	Domingo 6	Detalle	€/$
NECESARIOS	Desayuno 2,00 Hipermercado 130,00			Mercado Combust. Desayunos Comida Trab **Total**	201 60 8 15 284
EXTRAS		Cumple primo 40,00		Reparac. c. Cumple M. Escol. Excursión **Total**	125 40 150 20 335
OCIO	Lotería 5,00 Restaurante 75,00	Merienda 18,00	Merienda 12,00 Telepizza 24,00 Prensa 3,00	Meriendas Restaurant Lotería Prensa **Total**	34,5 111,5 111,5 5 3 154
TOTAL	212	58	39		773,00

Te va a pasar que los primeros meses aparecerán gastos que no habías identificado en la hoja de definiciones y conceptos. Esto es por que hasta que no empiezas con este método, no te das cuenta de la cantidad de gastos diarios que tienes, pero no te preocupes, lo único que tienes que hacer es volver a la hoja 1 Definiciones y Conceptos, y anotar ese gasto en el apartado que quieras tenerlo, es decir, como Necesario, **Extra** o de **OCIO**.

Al final de la semana, que coincide con el domingo, tendremos que rellenar uno de los apartados más importantes, ya que desde la primera vez que lo haces, inconscientemente vas tomando las primeras decisiones para la siguiente semana.

Ahí se van a reflejar los totales de cada gasto durante toda una semana. Verás cuanto te has gastado en mercado, en combustible, etc, y te llamará la atención.

Pero lo que te va a sorprender de verdad, son los "gastos fantasmas", que son los que no se ven o no te das cuenta, pero que tienes habitualmente.

La mayoría de ellos van a estar en el apartado de **OCIO**, tales como comida para llevar, meriendas, caprichos, etc.

Una vez tengas terminado el resultado de la Semana 1, ya tienes los primeros indicios sobre por donde se escapa la mayor parte de tus ingresos.

Es ahí donde tienes que poner más energía y voluntad para tapar ese escape.

Estoy seguro de que en la siguiente semana vas a notar ya algunos cambios positivos.

El siguiente paso, una vez terminado el resultado de la semana, es anotar los resultados directamente en la hoja 4, llamada Resumen del Mes Completo, para que al ir avanzando en el mes, puedas ir viendo los avances en los diferentes conceptos, pudiendo tomar decisiones sobre la marcha y mejorar el resultado final.

Hoja 4. Resumen del mes completo

Enero

conceptos	totales	NECESARIOS	EXTRAS	OCIO
Semana 1	773,00	284,00	335,00	154,00
Semana 2	260,00	320,00	-	20,00
Semana 3	320,00	180,00	-	20.00
Semana 4	298,00	390,00	-	-
Semana 5	499,00	426,00	-	21,00
Total:	2150,00	1600,00	335,00	215,00

Conceptos	Combustible	Mercado	Restaurante	Meriendas
Semana 1	60,00	201,00	111,5	34,5
Semana 2	40,00	-	44,00	15,00
Semana 3	50,00	130,00	35,5	26,00
Semana 4	60,00	-	54,00	-
Semana 5	50,00	149,00	-	19,5
Total:	260,00	480,00	245,00	95,00

Conceptos	...	...	...	...
Semana 1				
Semana 2				
Semana 3				
Semana 4				
Semana 5				
Total:				

Conceptos				
Semana 1				
Semana 2				
Semana 3				
Semana 4				
Semana 5				
Total:				

En esta sección nos encontramos con 4 cuadros, cada uno de ellos divididos en 5 ó 6 semanas.

En el primer cuadro, verás que por cada semana tienes que anotar los conceptos principales que son el Total Semanal, el total semanal en gastos **NECESARIOS**, el total semanal en gastos **EXTRAS** y el total semanal en **OCIO**.

Este cuadro es importante porque te da una idea general de cómo llevas el presupuesto, pero realmente no es significativo, ya que hay conceptos en los que se hace mucho gasto una semana, y la siguiente no.

Los cuadros realmente importantes son los siguientes. Son para que controles gastos concretos, es decir, por ejemplo, combustible, almuerzos, mercado, transporte, comida para llevar, restaurantes o bares, cine, prensa, loterías, etc.

Tienes hasta 12 gastos a los que puedes hacerle un seguimiento preciso y que son los que tendrás que modificar, ya que son costumbres que hasta ahora no habías apreciado y que realmente puedes reducir o incluso prescindir de algunos de ellos.

Para controlarlos sólo tienes que poner el nombre del concepto que quieras y seguirlo durante el mes.

Hoja 5. Resultado mes anterior. Análisis, propósitos y decisiones

Resultado mes anterior

TOTAL MES	NECESARIOS	EXTRAS	OCIO
2350,00	1700,00	300,00	350,00

Combustible	Mercado	Restaurante	Meriendas
240,00	550,00	230.00	100,00

Análisis del resultado

Aún teniendo más Gastos Necesarios, he gastado menos en el total del mes.
He ahorrado en Mercado, en Meriendas, pero he gastado más en Restaurantes.

Propósitos para el siguiente mes

Tengo que reducir el gasto en Ocio, y en concreto en Restaurantes y Meriendas

Decisiones para el siguiente mes

Voy a realizar únicamente 2 comidas o cenas en fuera de casa y las meriendas las voy a preparar también en casa

En esta última hoja encontraremos varios cuadros.

Los dos primeros son los datos del mes anterior. Están ahí para que de un vistazo puedas ver la evolución de los resultados del mes anterior y compararlos con los del presente.

Están indicados los 4 conceptos básicos, y otros 6 vacíos, para que pongas los que más te interesa comparar con el mes anterior.

A continuación vienen los apartados para el Análisis del resultado, los Propósitos para el siguiente mes y las Decisiones para el siguiente mes.

En estos cuadros se hacen las anotaciones que creemos importantes para tener en cuenta y mejorar el próximo mes.

Y después de todo lo contado...

¿¿¿EMPEZAMOS A PLANIFICAR???

ENERO

EL inicio **ES LA** parte más importante **DEL** trabajo.

(PLATÓN)

Índice de conceptos y definiciones

	CONCEPTOS		
NECESARIOS			
EXTRAS			
OCIO			
TOTAL			

Ingresos previstos

Día	Concepto	Importe	Día	Concepto	Importe

Día	Concepto	Importe	Día	Concepto	Importe

Gastos previstos

Importe	Concepto	Importe	Concepto	Importe	Concepto

INGRESOS	+	GASTOS	=	TOTAL
	+		=	

Enero — Semana 1

	Lunes	Martes 1	Miércoles 2	Jueves 3
NECESARIOS				
EXTRAS				
OCIO				
TOTAL				

Enero *Semana 1*

	Viernes 4	Sábado 5	Domingo 6	Detalle	€/$
NECESARIOS					
				Total	
EXTRAS					
				Total	
OCIO					
				Total	
TOTAL					

Enero   Semana 2

	Lunes 7	Martes 8	Miércoles 9	Jueves 10
NECESARIOS				
EXTRAS				
OCIO				
TOTAL				

Enero   *Semana 2*

	Viernes 11	Sábado 12	Domingo 13	Detalle	€/$
NECESARIOS					
				Total	
EXTRAS					
				Total	
OCIO					
				Total	
TOTAL					

Enero — *Semana 3*

	Lunes 14	Martes 15	Miércoles 16	Jueves 17
NECESARIOS				
EXTRAS				
OCIO				
TOTAL				

Enero *Semana 3*

	Viernes 18	Sábado 19	Domingo 20	Detalle	€/$
NECESARIOS					
				Total	
EXTRAS					
				Total	
OCIO					
				Total	
TOTAL					

Enero   *Semana 4*

	Lunes 21	Martes 22	Miércoles 23	Jueves 24
NECESARIOS				
EXTRAS				
OCIO				
TOTAL				

Enero *Semana 4*

	Viernes 25	Sábado 26	Domingo 27	Detalle	€/$
NECESARIOS					
				Total	
EXTRAS					
				Total	
OCIO					
				Total	
TOTAL					

Enero — *Semana 5*

	Lunes 28	Martes 29	Miércoles 30	Jueves 31
NECESARIOS				
EXTRAS				
OCIO				
TOTAL				

Enero *Semana 5*

	Viernes 1	Sábado 2	Domingo 3	Detalle	€/$
NECESARIOS					
				Total	
EXTRAS					
				Total	
OCIO					
				Total	
TOTAL					

Enero

TOTAL GASTOS MES	NECESARIOS	EXTRAS	OCIO
Semana 1			
Semana 2			
Semana 3			
Semana 4			
Semana 5			
Total:			

Conceptos				
Semana 1				
Semana 2				
Semana 3				
Semana 4				
Semana 5				
Total:				

Conceptos				
Semana 1				
Semana 2				
Semana 3				
Semana 4				
Semana 5				
Total:				

Conceptos				
Semana 1				
Semana 2				
Semana 3				
Semana 4				
Semana 5				
Total:				

Resultado mes anterior

TOTAL MES	NECESARIOS	EXTRAS	OCIO	

Análisis del resultado

Propósitos para el siguiente mes

Decisiones para el siguiente mes

FEBRERO

Cuida de los pequeños GASTOS; **UN PEQUEÑO** agujero hunde un BARCO.

(BENJAMIN FRANKLIN)

Índice de conceptos y definiciones

	CONCEPTOS		
NECESARIOS			
EXTRAS			
OCIO			
TOTAL			

Ingresos previstos

Día	Concepto	Importe	Día	Concepto	Importe
Día	Concepto	Importe	Día	Concepto	Importe

Gastos previstos

Importe	Concepto	Importe	Concepto	Importe	Concepto

INGRESOS	+	GASTOS	=	TOTAL
	+		=	

Febrero   *Semana 1*

	Lunes 28	Martes 29	Miércoles 30	Jueves 31
NECESARIOS				
EXTRAS				
OCIO				
TOTAL				

Febrero *Semana 1*

	Viernes 1	Sábado 2	Domingo 3	Detalle	€/$
NECESARIOS					
				Total	
EXTRAS					
				Total	
OCIO					
				Total	
TOTAL					

Febrero   *Semana 2*

	Lunes 4	Martes 5	Miércoles 6	Jueves 7
NECESARIOS				
EXTRAS				
OCIO				
TOTAL				

Febrero — *Semana 2*

	Viernes 8	Sábado 9	Domingo 10	Detalle	€/$
NECESARIOS					
				Total	
EXTRAS					
				Total	
OCIO					
				Total	
TOTAL					

Febrero *Semana 3*

	Lunes 11	Martes 12	Miércoles 13	Jueves 14
NECESARIOS				
EXTRAS				
OCIO				
TOTAL				

Febrero *Semana 3*

	Viernes 15	Sábado 16	Domingo 17	Detalle	€/$
NECESARIOS					
				Total	
EXTRAS					
				Total	
OCIO					
				Total	
TOTAL					

Febrero *Semana 4*

	Lunes 18	Martes 19	Miércoles 20	Jueves 21
NECESARIOS				
EXTRAS				
OCIO				
TOTAL				

Febrero *Semana 4*

	Viernes 22	Sábado 23	Domingo 24	Detalle	€/$
NECESARIOS					
				Total	
EXTRAS					
				Total	
OCIO					
				Total	
TOTAL					

Febrero   *Semana 5*

	Lunes 25	Martes 26	Miércoles 27	Jueves 28
NECESARIOS				
EXTRAS				
OCIO				
TOTAL				

Febrero   *Semana 5*

	Viernes 1	Sábado 2	Domingo 3	Detalle	€/$
NECESARIOS					
				Total	
EXTRAS					
				Total	
OCIO					
				Total	
TOTAL					

Febrero

TOTAL GASTOS MES	NECESARIOS	EXTRAS	OCIO
Semana 1			
Semana 2			
Semana 3			
Semana 4			
Semana 5			
Total:			

Conceptos				
Semana 1				
Semana 2				
Semana 3				
Semana 4				
Semana 5				
Total:				

Conceptos				
Semana 1				
Semana 2				
Semana 3				
Semana 4				
Semana 5				
Total:				

Conceptos				
Semana 1				
Semana 2				
Semana 3				
Semana 4				
Semana 5				
Total:				

Resultado mes anterior

TOTAL MES	NECESARIOS	EXTRAS	OCIO	

Análisis del resultado

Propósitos para el siguiente mes

Decisiones para el siguiente mes

MARZO

Si añades lo poco a lo POCO **Y** LO haces así **con frecuencia,** pronto llegará a ser MUCHO.

(Hesíodo)

Índice de conceptos y definiciones

	CONCEPTOS		
NECESARIOS			
EXTRAS			
OCIO			
TOTAL			

Ingresos previstos

Día	Concepto	Importe	Día	Concepto	Importe

Día	Concepto	Importe	Día	Concepto	Importe

Gastos previstos

Importe	Concepto	Importe	Concepto	Importe	Concepto

INGRESOS	+	GASTOS	=	TOTAL
	+		=	

Marzo Semana 1

	Lunes 25	Martes 26	Miércoles 27	Jueves 28
NECESARIOS				
EXTRAS				
OCIO				
TOTAL				

Marzo Semana 1

	Viernes 1	Sábado 2	Domingo 3	Detalle	€/$
NECESARIOS					
				Total	
EXTRAS					
				Total	
OCIO					
				Total	
TOTAL					

Marzo Semana 2

	Lunes 4	Martes 5	Miércoles 6	Jueves 7
NECESARIOS				
EXTRAS				
OCIO				
TOTAL				

Marzo *Semana 2*

	Viernes 8	Sábado 9	Domingo 10	Detalle	€/$
NECESARIOS					
				Total	
EXTRAS					
				Total	
OCIO					
				Total	
TOTAL					

Marzo — Semana 3

	Lunes 11	Martes 12	Miércoles 13	Jueves 14
NECESARIOS				
EXTRAS				
OCIO				
TOTAL				

Marzo   *Semana 3*

	Viernes 15	Sábado 16	Domingo 17	Detalle	€/$
NECESARIOS					
				Total	
EXTRAS					
				Total	
OCIO					
				Total	
TOTAL					

Marzo · Semana 4

	Lunes 18	Martes 19	Miércoles 20	Jueves 21
NECESARIOS				
EXTRAS				
OCIO				
TOTAL				

Marzo   *Semana 4*

	Viernes 22	Sábado 23	Domingo 24	Detalle	€/$
NECESARIOS					
				Total	
EXTRAS					
				Total	
OCIO					
				Total	
TOTAL					

Marzo   Semana 5

	Lunes 25	Martes 26	Miércoles 27	Jueves 28
NECESARIOS				
EXTRAS				
OCIO				
TOTAL				

Marzo   *Semana 5*

	Viernes 29	Sábado 30	Domingo 31	Detalle	€/$
NECESARIOS					
				Total	
EXTRAS					
				Total	
OCIO					
				Total	
TOTAL					

Marzo

TOTAL GASTOS MES	NECESARIOS	EXTRAS	OCIO
Semana 1			
Semana 2			
Semana 3			
Semana 4			
Semana 5			
Total:			

Conceptos				
Semana 1				
Semana 2				
Semana 3				
Semana 4				
Semana 5				
Total:				

Conceptos				
Semana 1				
Semana 2				
Semana 3				
Semana 4				
Semana 5				
Total:				

Conceptos				
Semana 1				
Semana 2				
Semana 3				
Semana 4				
Semana 5				
Total:				

Resultado mes anterior

TOTAL MES	NECESARIOS	EXTRAS	OCIO	

Análisis del resultado

Propósitos para el siguiente mes

Decisiones para el siguiente mes

ABRIL

AHORRAR no es sólo GUARDAR, **SINO** saber gastar.

(REFRANERO POPULAR)

Índice de conceptos y definiciones

	CONCEPTOS		
NECESARIOS			
EXTRAS			
OCIO			
TOTAL			

Ingresos previstos

Día	Concepto	Importe	Día	Concepto	Importe

Día	Concepto	Importe	Día	Concepto	Importe

Gastos previstos

Importe	Concepto	Importe	Concepto	Importe	Concepto

INGRESOS	+	GASTOS	=	TOTAL
	+		=	

Abril *Semana 1*

	Lunes 1	Martes 2	Miércoles 3	Jueves 4
NECESARIOS				
EXTRAS				
OCIO				
TOTAL				

Abril *Semana 1*

	Viernes 5	Sábado 6	Domingo 7	Detalle	€/$
NECESARIOS					
				Total	
EXTRAS					
				Total	
OCIO					
				Total	
TOTAL					

Abril   *Semana 2*

	Lunes 8	Martes 9	Miércoles 10	Jueves 11
NECESARIOS				
EXTRAS				
OCIO				
TOTAL				

Abril *Semana 2*

	Viernes 12	Sábado 13	Domingo 14	Detalle	€/$
NECESARIOS					
				Total	
EXTRAS					
				Total	
OCIO					
				Total	
TOTAL					

Abril   *Semana 3*

	Lunes 15	Martes 16	Miércoles 17	Jueves 18
NECESARIOS				
EXTRAS				
OCIO				
TOTAL				

Abril *Semana 3*

	Viernes 19	Sábado 20	Domingo 21	Detalle	€/$
NECESARIOS					
				Total	
EXTRAS					
				Total	
OCIO					
				Total	
TOTAL					

Abril — Semana 4

	Lunes 22	Martes 23	Miércoles 24	Jueves 25
NECESARIOS				
EXTRAS				
OCIO				
TOTAL				

Abril — Semana 4

	Viernes 26	Sábado 27	Domingo 28	Detalle	€/$
NECESARIOS					
				Total	
EXTRAS					
				Total	
OCIO					
				Total	
TOTAL					

Abril *Semana 5*

	Lunes 29	Martes 30	Miércoles 1	Jueves 2
NECESARIOS				
EXTRAS				
OCIO				
TOTAL				

Abril — *Semana 5*

	Viernes 3	Sábado 4	Domingo 5	Detalle	€/$
NECESARIOS					
				Total	
EXTRAS					
				Total	
OCIO					
				Total	
TOTAL					

Abril

TOTAL GASTOS MES	NECESARIOS	EXTRAS	OCIO
Semana 1			
Semana 2			
Semana 3			
Semana 4			
Semana 5			
Total:			

Conceptos				
Semana 1				
Semana 2				
Semana 3				
Semana 4				
Semana 5				
Total:				

Conceptos				
Semana 1				
Semana 2				
Semana 3				
Semana 4				
Semana 5				
Total:				

Conceptos				
Semana 1				
Semana 2				
Semana 3				
Semana 4				
Semana 5				
Total:				

Resultado mes anterior

TOTAL MES	NECESARIOS	EXTRAS	OCIO	

Análisis del resultado

Propósitos para el siguiente mes

Decisiones para el siguiente mes

MAYO

Si buscas resultados distintos, NO HAGAS **SIEMPRE** lo mismo.

(ALBERT EINSTEIN)

Índice de conceptos y definiciones

	CONCEPTOS		
NECESARIOS			
EXTRAS			
OCIO			
TOTAL			

Ingresos previstos

Día	Concepto	Importe	Día	Concepto	Importe

Día	Concepto	Importe	Día	Concepto	Importe

Gastos previstos

Importe	Concepto	Importe	Concepto	Importe	Concepto

INGRESOS	+	GASTOS	=	TOTAL
	+		=	

Mayo   *Semana 1*

	Lunes 29	Martes 30	Miércoles 1	Jueves 2
NECESARIOS				
EXTRAS				
OCIO				
TOTAL				

Mayo *Semana 1*

	Viernes 3	Sábado 4	Domingo 5	Detalle	€/$
NECESARIOS					
				Total	
EXTRAS					
				Total	
OCIO					
				Total	
TOTAL					

Mayo   *Semana 2*

	Lunes 6	Martes 7	Miércoles 8	Jueves 9
NECESARIOS				
EXTRAS				
OCIO				
TOTAL				

Mayo — *Semana 2*

	Viernes 10	Sábado 11	Domingo 12	Detalle	€/$
NECESARIOS					
				Total	
EXTRAS					
				Total	
OCIO					
				Total	
TOTAL					

Mayo — Semana 3

	Lunes 13	Martes 14	Miércoles 15	Jueves 16
NECESARIOS				
EXTRAS				
OCIO				
TOTAL				

Mayo — *Semana 3*

	Viernes 17	Sábado 18	Domingo 19	Detalle	€/$
NECESARIOS					
				Total	
EXTRAS					
				Total	
OCIO					
				Total	
TOTAL					

Mayo   *Semana 4*

	Lunes 20	Martes 21	Miércoles 22	Jueves 23
NECESARIOS				
EXTRAS				
OCIO				
TOTAL				

Mayo *Semana 4*

	Viernes 24	Sábado 25	Domingo 26	Detalle	€/$
NECESARIOS					
				Total	
EXTRAS					
				Total	
OCIO					
				Total	
TOTAL					

Mayo   *Semana 5*

	Lunes 27	Martes 28	Miércoles 29	Jueves 30
NECESARIOS				
EXTRAS				
OCIO				
TOTAL				

Mayo   *Semana 5*

	Viernes 31	Sábado 1	Domingo 2	Detalle	€/$
NECESARIOS					
				Total	
EXTRAS					
				Total	
OCIO					
				Total	
TOTAL					

Mayo

TOTAL GASTOS MES	NECESARIOS	EXTRAS	OCIO
Semana 1			
Semana 2			
Semana 3			
Semana 4			
Semana 5			
Total:			

Conceptos				
Semana 1				
Semana 2				
Semana 3				
Semana 4				
Semana 5				
Total:				

Conceptos				
Semana 1				
Semana 2				
Semana 3				
Semana 4				
Semana 5				
Total:				

Conceptos				
Semana 1				
Semana 2				
Semana 3				
Semana 4				
Semana 5				
Total:				

Resultado mes anterior

TOTAL MES	NECESARIOS	EXTRAS	OCIO	

Análisis del resultado

Propósitos para el siguiente mes

Decisiones para el siguiente mes

JUNIO

COMPRA solamente lo necesario, NO LO CONVENIENTE. **LO INNECESARIO** siempre es caro

(SÉNECA)

Índice de conceptos y definiciones

	CONCEPTOS		
NECESARIOS			
EXTRAS			
OCIO			
TOTAL			

Ingresos previstos

Día	Concepto	Importe	Día	Concepto	Importe

Día	Concepto	Importe	Día	Concepto	Importe

Gastos previstos

Importe	Concepto	Importe	Concepto	Importe	Concepto

INGRESOS	+	GASTOS	=	TOTAL
	+		=	

Junio   *Semana 1*

	Lunes 27	Martes 28	Miércoles 29	Jueves 30
NECESARIOS				
EXTRAS				
OCIO				
TOTAL				

Junio   *Semana 1*

	Viernes 31	Sábado 1	Domingo 2	Detalle	€/$
NECESARIOS					
				Total	
EXTRAS					
				Total	
OCIO					
				Total	
TOTAL					

Junio   *Semana 2*

	Lunes 3	Martes 4	Miércoles 5	Jueves 6
NECESARIOS				
EXTRAS				
OCIO				
TOTAL				

Junio   *Semana 2*

	Viernes 7	Sábado 8	Domingo 9	Detalle	€/$
NECESARIOS					
				Total	
EXTRAS					
				Total	
OCIO					
				Total	
TOTAL					

Junio — *Semana 3*

	Lunes 10	Martes 11	Miércoles 12	Jueves 13
NECESARIOS				
EXTRAS				
OCIO				
TOTAL				

Junio   *Semana 3*

	Viernes 14	Sábado 15	Domingo 16	Detalle	€/$
NECESARIOS					
				Total	
EXTRAS					
				Total	
OCIO					
				Total	
TOTAL					

Junio *Semana 4*

	Lunes 17	Martes 18	Miércoles 19	Jueves 20
NECESARIOS				
EXTRAS				
OCIO				
TOTAL				

Junio *Semana 4*

	Viernes 21	Sábado 22	Domingo 23	Detalle	€/$
NECESARIOS					
				Total	
EXTRAS					
				Total	
OCIO					
				Total	
TOTAL					

Junio — Semana 5

	Lunes 24	Martes 25	Miércoles 26	Jueves 27
NECESARIOS				
EXTRAS				
OCIO				
TOTAL				

Junio *Semana 5*

	Viernes 28	Sábado 29	Domingo 30	Detalle	€/$
NECESARIOS					
				Total	
EXTRAS					
				Total	
OCIO					
				Total	
TOTAL					

Junio

TOTAL GASTOS MES	NECESARIOS	EXTRAS	OCIO
Semana 1			
Semana 2			
Semana 3			
Semana 4			
Semana 5			
Total:			

Conceptos			
Semana 1			
Semana 2			
Semana 3			
Semana 4			
Semana 5			
Total:			

Conceptos			
Semana 1			
Semana 2			
Semana 3			
Semana 4			
Semana 5			
Total:			

Conceptos			
Semana 1			
Semana 2			
Semana 3			
Semana 4			
Semana 5			
Total:			

Resultado mes anterior

TOTAL MES	NECESARIOS	EXTRAS	OCIO	

Análisis del resultado

Propósitos para el siguiente mes

Decisiones para el siguiente mes

JULIO

Quien vive con más desahogo **no es el que más tiene,** sino el que administra bien **lo mucho o poco** que tiene.

(ÁNGEL GAVINET)

Índice de conceptos y definiciones

	CONCEPTOS		
NECESARIOS			
EXTRAS			
OCIO			
TOTAL			

Ingresos previstos

Día	Concepto	Importe	Día	Concepto	Importe
Día	Concepto	Importe	Día	Concepto	Importe

Gastos previstos

Importe	Concepto	Importe	Concepto	Importe	Concepto

INGRESOS	+	GASTOS	=	TOTAL
	+		=	

Julio   *Semana 1*

	Lunes 1	Martes 2	Miércoles 3	Jueves 4
NECESARIOS				
EXTRAS				
OCIO				
TOTAL				

Julio   *Semana 1*

	Viernes 5	Sábado 6	Domingo 7	Detalle	€/$
NECESARIOS					
				Total	
EXTRAS					
				Total	
OCIO					
				Total	
TOTAL					

Julio   *Semana 2*

	Lunes 8	Martes 9	Miércoles 10	Jueves 11
NECESARIOS				
EXTRAS				
OCIO				
TOTAL				

Julio   *Semana 2*

	Viernes 12	Sábado 13	Domingo 14	Detalle	€/$
NECESARIOS					
				Total	
EXTRAS					
				Total	
OCIO					
				Total	
TOTAL					

Julio   *Semana 3*

	Lunes 15	Martes 16	Miércoles 17	Jueves 18
NECESARIOS				
EXTRAS				
OCIO				
TOTAL				

Julio   *Semana 3*

	Viernes 19	Sábado 20	Domingo 21	Detalle	€/$
NECESARIOS					
				Total	
EXTRAS					
				Total	
OCIO					
				Total	
TOTAL					

Julio   *Semana 4*

	Lunes 22	Martes 23	Miércoles 24	Jueves 25
NECESARIOS				
EXTRAS				
OCIO				
TOTAL				

Julio   *Semana 4*

	Viernes 26	Sábado 27	Domingo 28	Detalle	€/$
NECESARIOS					
				Total	
EXTRAS					
				Total	
OCIO					
				Total	
TOTAL					

Julio   *Semana 5*

	Lunes 29	Martes 30	Miércoles 31	Jueves 1
NECESARIOS				
EXTRAS				
OCIO				
TOTAL				

Julio   Semana 5

	Viernes 2	Sábado 3	Domingo 4	Detalle	€/$
NECESARIOS					
				Total	
EXTRAS					
				Total	
OCIO					
				Total	
TOTAL					

Julio

TOTAL GASTOS MES	NECESARIOS	EXTRAS	OCIO
Semana 1			
Semana 2			
Semana 3			
Semana 4			
Semana 5			
Total:			

Conceptos				
Semana 1				
Semana 2				
Semana 3				
Semana 4				
Semana 5				
Total:				

Conceptos				
Semana 1				
Semana 2				
Semana 3				
Semana 4				
Semana 5				
Total:				

Conceptos				
Semana 1				
Semana 2				
Semana 3				
Semana 4				
Semana 5				
Total:				

Resultado mes anterior

TOTAL MES	NECESARIOS	EXTRAS	OCIO	

Análisis del resultado

Propósitos para el siguiente mes

Decisiones para el siguiente mes

AGOSTO

SI NACISTE pobre, no es **TU CULPA**, **PERO** si mueres pobre... sí lo es.

(BILL GATES)

Índice de conceptos y definiciones

	CONCEPTOS		
NECESARIOS			
EXTRAS			
OCIO			
TOTAL			

Ingresos previstos

Día	Concepto	Importe	Día	Concepto	Importe

Día	Concepto	Importe	Día	Concepto	Importe

Gastos previstos

Importe	Concepto	Importe	Concepto	Importe	Concepto

INGRESOS	+	GASTOS	=	TOTAL
	+		=	

Agosto — Semana 1

	Lunes 29	Martes 30	Miércoles 31	Jueves 1
NECESARIOS				
EXTRAS				
OCIO				
TOTAL				

Agosto   *Semana 1*

	Viernes 2	Sábado 3	Domingo 4	Detalle	€/$
NECESARIOS					
				Total	
EXTRAS					
				Total	
OCIO					
				Total	
TOTAL					

Agosto — Semana 2

	Lunes 5	Martes 6	Miércoles 7	Jueves 8
NECESARIOS				
EXTRAS				
OCIO				
TOTAL				

Agosto *Semana 2*

	Viernes 9	Sábado 10	Domingo 11	Detalle	€/$
NECESARIOS					
				Total	
EXTRAS					
				Total	
OCIO					
				Total	
TOTAL					

Agosto   *Semana 3*

	Lunes 12	Martes 13	Miércoles 14	Jueves 15
NECESARIOS				
EXTRAS				
OCIO				
TOTAL				

Agosto — *Semana 3*

	Viernes 16	Sábado 17	Domingo 18	Detalle	€/$
NECESARIOS					
				Total	
EXTRAS					
				Total	
OCIO					
				Total	
TOTAL					

Agosto   *Semana 4*

	Lunes 19	Martes 20	Miércoles 21	Jueves 22
NECESARIOS				
EXTRAS				
OCIO				
TOTAL				

Agosto — Semana 4

	Viernes 23	Sábado 24	Domingo 25	Detalle	€/$
NECESARIOS					
				Total	
EXTRAS					
				Total	
OCIO					
				Total	
TOTAL					

Agosto — Semana 5

	Lunes 26	Martes 27	Miércoles 28	Jueves 29
NECESARIOS				
EXTRAS				
OCIO				
TOTAL				

Agosto — Semana 5

	Viernes 30	Sábado 31	Domingo 1	Detalle	€/$
NECESARIOS					
				Total	
EXTRAS					
				Total	
OCIO					
				Total	
TOTAL					

Agosto

	TOTAL GASTOS MES	NECESARIOS	EXTRAS	OCIO
Semana 1				
Semana 2				
Semana 3				
Semana 4				
Semana 5				
Total:				

Conceptos				
Semana 1				
Semana 2				
Semana 3				
Semana 4				
Semana 5				
Total:				

Conceptos				
Semana 1				
Semana 2				
Semana 3				
Semana 4				
Semana 5				
Total:				

Conceptos				
Semana 1				
Semana 2				
Semana 3				
Semana 4				
Semana 5				
Total:				

Resultado mes anterior

TOTAL MES	NECESARIOS	EXTRAS	OCIO	

Análisis del resultado

Propósitos para el siguiente mes

Decisiones para el siguiente mes

SEPTIEMBRE

Gasta siempre una moneda menos de las que ganes.

(CESARE CANTÚ)

Índice de conceptos y definiciones

	CONCEPTOS		
NECESARIOS			
EXTRAS			
OCIO			
TOTAL			

Ingresos previstos

Día	Concepto	Importe	Día	Concepto	Importe

Día	Concepto	Importe	Día	Concepto	Importe

Gastos previstos

Importe	Concepto	Importe	Concepto	Importe	Concepto

INGRESOS	+	GASTOS	=	TOTAL
	+		=	

Septiembre — Semana 1

	Lunes 26	Martes 27	Miércoles 28	Jueves 29
NECESARIOS				
EXTRAS				
OCIO				
TOTAL				

Septiembre   *Semana 1*

	Viernes 30	Sábado 31	Domingo 1	Detalle	€/$
NECESARIOS					
				Total	
EXTRAS					
				Total	
OCIO					
				Total	
TOTAL					

Septiembre　　　　　　　　　　　　　*Semana 2*

	Lunes 2	Martes 3	Miércoles 4	Jueves 5
NECESARIOS				
EXTRAS				
OCIO				
TOTAL				

Septiembre — *Semana 2*

	Viernes 6	Sábado 7	Domingo 8	Detalle	€/$
NECESARIOS					
				Total	
EXTRAS					
				Total	
OCIO					
				Total	
TOTAL					

Septiembre   *Semana 3*

	Lunes 9	Martes 10	Miércoles 11	Jueves 12
NECESARIOS				
EXTRAS				
OCIO				
TOTAL				

Septiembre *Semana 3*

	Viernes 13	Sábado 14	Domingo 15	Detalle	€/$
NECESARIOS					
				Total	
EXTRAS					
				Total	
OCIO					
				Total	
TOTAL					

Septiembre — Semana 4

	Lunes 16	Martes 17	Miércoles 18	Jueves 19
NECESARIOS				
EXTRAS				
OCIO				
TOTAL				

Septiembre   *Semana 4*

	Viernes 20	Sábado 21	Domingo 22	Detalle	€/$
NECESARIOS					
				Total	
EXTRAS					
				Total	
OCIO					
				Total	
TOTAL					

Septiembre   *Semana 5*

	Lunes 23	Martes 24	Miércoles 25	Jueves 26
NECESARIOS				
EXTRAS				
OCIO				
TOTAL				

Septiembre *Semana 5*

	Viernes 27	Sábado 28	Domingo 29	Detalle	€/$
NECESARIOS					
				Total	
EXTRAS					
				Total	
OCIO					
				Total	
TOTAL					

Septiembre   *Semana 6*

	Lunes 30	Martes 1	Miércoles 2	Jueves 3
NECESARIOS				
EXTRAS				
OCIO				
TOTAL				

Septiembre   *Semana 6*

	Viernes 4	Sábado 5	Domingo 6	Detalle	€/$
NECESARIOS					
				Total	
EXTRAS					
				Total	
OCIO					
				Total	
TOTAL					

Septiembre

TOTAL GASTOS MES	NECESARIOS	EXTRAS	OCIO
Semana 1			
Semana 2			
Semana 3			
Semana 4			
Semana 5			
Semana 6			
Total:			

Conceptos				
Semana 1				
Semana 2				
Semana 3				
Semana 4				
Semana 5				
Semana 6				
Total:				

Conceptos				
Semana 1				
Semana 2				
Semana 3				
Semana 4				
Semana 5				
Semana 6				
Total:				

Resultado mes anterior

TOTAL MES	NECESARIOS	EXTRAS	OCIO	

Análisis del resultado

Propósitos para el siguiente mes

Decisiones para el siguiente mes

OCTUBRE

NO AHORRES lo que te quede después de GASTAR. **GASTA** lo que te quede **DESPUÉS** de ahorrar.

(WARREN BUFFET)

Índice de conceptos y definiciones

	CONCEPTOS		
NECESARIOS			
EXTRAS			
OCIO			
TOTAL			

Ingresos previstos

Día	Concepto	Importe	Día	Concepto	Importe
Día	Concepto	Importe	Día	Concepto	Importe

Gastos previstos

Importe	Concepto	Importe	Concepto	Importe	Concepto

INGRESOS	+	GASTOS	=	TOTAL
	+		=	

Octubre   *Semana 1*

	Lunes 30	Martes 1	Miércoles 2	Jueves 3
NECESARIOS				
EXTRAS				
OCIO				
TOTAL				

Octubre *Semana 1*

	Viernes 4	Sábado 5	Domingo 6	Detalle	€/$
NECESARIOS					
				Total	
EXTRAS					
				Total	
OCIO					
				Total	
TOTAL					

Octubre   *Semana 2*

	Lunes 7	Martes 8	Miércoles 9	Jueves 10
NECESARIOS				
EXTRAS				
OCIO				
TOTAL				

Octubre   *Semana 2*

	Viernes 11	Sábado 12	Domingo 13	Detalle	€/$
NECESARIOS					
				Total	
EXTRAS					
				Total	
OCIO					
				Total	
TOTAL					

Octubre   *Semana 3*

	Lunes 14	Martes 15	Miércoles 16	Jueves 17
NECESARIOS				
EXTRAS				
OCIO				
TOTAL				

Octubre *Semana 3*

	Viernes 18	Sábado 19	Domingo 20	Detalle	€/$
NECESARIOS					
				Total	
EXTRAS					
				Total	
OCIO					
				Total	
TOTAL					

Octubre *Semana 4*

	Lunes 21	Martes 22	Miércoles 23	Jueves 24
NECESARIOS				
EXTRAS				
OCIO				
TOTAL				

Octubre *Semana 4*

	Viernes 25	Sábado 26	Domingo 27	Detalle	€/$
NECESARIOS					
				Total	
EXTRAS					
				Total	
OCIO					
				Total	
TOTAL					

Octubre *Semana 5*

	Lunes 28	Martes 29	Miércoles 30	Jueves 31
NECESARIOS				
EXTRAS				
OCIO				
TOTAL				

Octubre — Semana 5

	Viernes 1	Sábado 2	Domingo 3	Detalle	€/$
NECESARIOS					
				Total	
EXTRAS					
				Total	
OCIO					
				Total	
TOTAL					

Octubre

TOTAL GASTOS MES	NECESARIOS	EXTRAS	OCIO
Semana 1			
Semana 2			
Semana 3			
Semana 4			
Semana 5			
Total:			

Conceptos				
Semana 1				
Semana 2				
Semana 3				
Semana 4				
Semana 5				
Total:				

Conceptos				
Semana 1				
Semana 2				
Semana 3				
Semana 4				
Semana 5				
Total:				

Conceptos				
Semana 1				
Semana 2				
Semana 3				
Semana 4				
Semana 5				
Total:				

Resultado mes anterior

TOTAL MES	NECESARIOS	EXTRAS	OCIO	

Análisis del resultado

Propósitos para el siguiente mes

Decisiones para el siguiente mes

NOVIEMBRE

Si quieres que el dinero no te **falte, EL PRIMERO** que tengas no **te lo gastes.**

(REFRANERO POPULAR)

Índice de conceptos y definiciones

	CONCEPTOS		
NECESARIOS			
EXTRAS			
OCIO			
TOTAL			

Ingresos previstos

Día	Concepto	Importe	Día	Concepto	Importe

Día	Concepto	Importe	Día	Concepto	Importe

Gastos previstos

Importe	Concepto	Importe	Concepto	Importe	Concepto

INGRESOS	+	GASTOS	=	TOTAL
	+		=	

Noviembre   *Semana 1*

	Lunes 28	Martes 29	Miércoles 30	Jueves 31
NECESARIOS				
EXTRAS				
OCIO				
TOTAL				

Noviembre — *Semana 1*

	Viernes 1	Sábado 2	Domingo 3	Detalle	€/$
NECESARIOS					
				Total	
EXTRAS					
				Total	
OCIO					
				Total	
TOTAL					

Noviembre   *Semana 2*

	Lunes 4	Martes 5	Miércoles 6	Jueves 7
NECESARIOS				
EXTRAS				
OCIO				
TOTAL				

Noviembre *Semana 2*

	Viernes 8	Sábado 9	Domingo 10	Detalle	€/$
NECESARIOS					
				Total	
EXTRAS					
				Total	
OCIO					
				Total	
TOTAL					

Noviembre   *Semana 3*

	Lunes 11	Martes 12	Miércoles 13	Jueves 14
NECESARIOS				
EXTRAS				
OCIO				
TOTAL				

Noviembre *Semana 3*

	Viernes 15	Sábado 16	Domingo 17	Detalle	€/$
NECESARIOS					
				Total	
EXTRAS					
				Total	
OCIO					
				Total	
TOTAL					

Noviembre   *Semana 4*

	Lunes 18	Martes 19	Miércoles 20	Jueves 21
NECESARIOS				
EXTRAS				
OCIO				
TOTAL				

Noviembre *Semana 4*

	Viernes 22	Sábado 23	Domingo 24	Detalle	€/$
NECESARIOS					
				Total	
EXTRAS					
				Total	
OCIO					
				Total	
TOTAL					

Noviembre *Semana 5*

	Lunes 25	Martes 26	Miércoles 27	Jueves 28
NECESARIOS				
EXTRAS				
OCIO				
TOTAL				

Noviembre — Semana 5

	Viernes 29	Sábado 30	Domingo 1	Detalle	€/$
NECESARIOS					
				Total	
EXTRAS					
				Total	
OCIO					
				Total	
TOTAL					

Noviembre

TOTAL GASTOS MES	NECESARIOS	EXTRAS	OCIO
Semana 1			
Semana 2			
Semana 3			
Semana 4			
Semana 5			
Total:			

Conceptos				
Semana 1				
Semana 2				
Semana 3				
Semana 4				
Semana 5				
Total:				

Conceptos				
Semana 1				
Semana 2				
Semana 3				
Semana 4				
Semana 5				
Total:				

Conceptos				
Semana 1				
Semana 2				
Semana 3				
Semana 4				
Semana 5				
Total:				

Resultado mes anterior

TOTAL MES	NECESARIOS	EXTRAS	OCIO	

Análisis del resultado

Propósitos para el siguiente mes

Decisiones para el siguiente mes

DICIEMBRE

NO ES LA CANTIDAD de dinero que **GENERAS; ES LA CANTIDAD** de dinero que **CONSERVAS.**

(ROBERT KIYOSAKI)

Índice de conceptos y definiciones

	CONCEPTOS		
NECESARIOS			
EXTRAS			
OCIO			
TOTAL			

Ingresos previstos

Día	Concepto	Importe	Día	Concepto	Importe

Día	Concepto	Importe	Día	Concepto	Importe

Gastos previstos

Importe	Concepto	Importe	Concepto	Importe	Concepto

INGRESOS	+	GASTOS	=	TOTAL
	+		=	

Diciembre *Semana 1*

	Lunes 25	Martes 26	Miércoles 27	Jueves 28
NECESARIOS				
EXTRAS				
OCIO				
TOTAL				

Diciembre *Semana 1*

	Viernes 29	Sábado 30	Domingo 1	Detalle	€/$
NECESARIOS					
				Total	
EXTRAS					
				Total	
OCIO					
				Total	
TOTAL					

Diciembre   *Semana 2*

	Lunes 2	Martes 3	Miércoles 4	Jueves 5
NECESARIOS				
EXTRAS				
OCIO				
TOTAL				

Diciembre *Semana 2*

	Viernes 6	Sábado 7	Domingo 8	Detalle	€/$
NECESARIOS					
				Total	
EXTRAS					
				Total	
OCIO					
				Total	
TOTAL					

Diciembre   *Semana 3*

	Lunes 9	Martes 10	Miércoles 11	Jueves 12
NECESARIOS				
EXTRAS				
OCIO				
TOTAL				

Diciembre   *Semana 3*

	Viernes 13	Sábado 14	Domingo 15	Detalle	€/$
NECESARIOS					
				Total	
EXTRAS					
				Total	
OCIO					
				Total	
TOTAL					

Diciembre   *Semana 4*

	Lunes 16	Martes 17	Miércoles 18	Jueves 19
NECESARIOS				
EXTRAS				
OCIO				
TOTAL				

Diciembre   *Semana 4*

	Viernes 20	Sábado 21	Domingo 22	Detalle	€/$
NECESARIOS					
				Total	
EXTRAS					
				Total	
OCIO					
				Total	
TOTAL					

Diciembre   *Semana 5*

	Lunes 23	Martes 24	Miércoles 25	Jueves 26
NECESARIOS				
EXTRAS				
OCIO				
TOTAL				

Diciembre *Semana 5*

	Viernes 27	Sábado 28	Domingo 29	Detalle	€/$
NECESARIOS					
				Total	
EXTRAS					
				Total	
OCIO					
				Total	
TOTAL					

Diciembre   Semana 6

	Lunes 30	Martes 31	Miércoles 1	Jueves 2
NECESARIOS				
EXTRAS				
OCIO				
TOTAL				

Diciembre *Semana 6*

	Viernes 3	Sábado 4	Domingo 5	Detalle	€/$
NECESARIOS					
				Total	
EXTRAS					
				Total	
OCIO					
				Total	
TOTAL					

Diciembre

TOTAL GASTOS MES	NECESARIOS	EXTRAS	OCIO
Semana 1			
Semana 2			
Semana 3			
Semana 4			
Semana 5			
Semana 6			
Total:			

Conceptos				
Semana 1				
Semana 2				
Semana 3				
Semana 4				
Semana 5				
Semana 6				
Total:				

Conceptos				
Semana 1				
Semana 2				
Semana 3				
Semana 4				
Semana 5				
Semana 6				
Total:				

Resultado mes anterior

TOTAL MES	NECESARIOS	EXTRAS	OCIO	

Análisis del resultado

Propósitos para el siguiente mes

Decisiones para el siguiente mes

Printed in Germany
by Amazon Distribution
GmbH, Leipzig